BEI GRIN MACHT SICH IHR
WISSEN BEZAHLT

- Wir veröffentlichen Ihre Hausarbeit,
  Bachelor- und Masterarbeit

- Ihr eigenes eBook und Buch -
  weltweit in allen wichtigen Shops

- Verdienen Sie an jedem Verkauf

Jetzt bei www.GRIN.com hochladen
und kostenlos publizieren

Bibliografische Information der Deutschen Nationalbibliothek:

Die Deutsche Bibliothek verzeichnet diese Publikation in der Deutschen National-
bibliografie; detaillierte bibliografische Daten sind im Internet über http://dnb.d-
nb.de/ abrufbar.

Impressum:

Copyright © 2020 GRIN Verlag
Druck und Bindung: Books on Demand GmbH, Norderstedt Germany
ISBN: 9783346134950

Dieses Buch bei GRIN:

https://www.grin.com/document/536603

Sandra Rebholz

Preismanagement und Kooperation, SWOT-Analyse, Corporate Identity und Digitalisierung in der Gesundheitsbranche

GRIN Verlag

GRIN - Your knowledge has value

Der GRIN Verlag publiziert seit 1998 wissenschaftliche Arbeiten von Studenten, Hochschullehrern und anderen Akademikern als eBook und gedrucktes Buch. Die Verlagswebsite www.grin.com ist die ideale Plattform zur Veröffentlichung von Hausarbeiten, Abschlussarbeiten, wissenschaftlichen Aufsätzen, Dissertationen und Fachbüchern.

Besuchen Sie uns im Internet:

http://www.grin.com/

http://www.facebook.com/grincom

http://www.twitter.com/grin_com

Deutsche Hochschule für

Prävention und Gesundheitsmanagement

Hermann Neuberger Sportschule 3

66123 Saarbrücken

Einsendeaufgabe

Fachmodul:	Marketing II
Studiengang:	BFÖ
Datum Präsenzphase:	13.01.2020 – 16.01.2020
Name, Vorname:	Rebholz, Sandra
Studienort:	München
Semester:	WS17

Inhaltsverzeichnis

1 Preismanagement und Kooperationen

1.1 Kostenorientierte Preisbildung

Um den Preis festlegen zu können, orientiert sich die kostenorientierte Preisbildung nur an den Unternehmenskosten (Kotler, Armstrong, Wong & Saunders, 2012, S. 786).

Tab. 1: Erfahrungswerte

Fixkosten:	850000€ (netto) pro Jahr (70833,33€ pro Monat)
Mitgliederzahl:	2400
Variable Kosten:	14,50€ pro Person, pro Monat
Gewinnzuschlag:	15%

Stückkosten = variable Kosten + $\frac{Fixkosten\ pro\ Monat}{Abastzmenge}$

Stückkosten = $14,50 + \frac{70833,33}{2400}$

Stückkosten = 44,01€

Gewinnzuschlag = 44,01€ x 0,15 = 6,60€

Preis mit Gewinnaufschlag:

44,01€ + 6,60€ = 50,61€ (netto)

50,61€ : 100 x 119 = 60,23€ (brutto)

Der errechnete Mitgliedsbeitrag pro Monat beträgt, unter Berücksichtigung eines Gewinnzuschlag von 15%, 60,23€ (brutto).

1.2 Konkurrenzorientierte Preisbildung

Die konkurrenzorientierte Preisbildung richtet sich ausschließlich nach den Preisen der Konkurrenz. Dabei werden die eigene Kostensituation und die Nachfrage des Produktes oder der Dienstleistung nicht berücksichtigt (Weis, 2012, S. 388).

Da die Preise der Konkurrenz um 5-10€ günstiger sein sollen als die Preisvorstellungen der Premium Health Ltd., sieht man von einer Preissenkung ab. Das Unternehmen ist bekannt für ihre hohen Serviceleistungen, sowie individuelle und qualitative Betreuung. Die bestehenden Mitglieder wären bei einer Preissenkung verunsichert und das Vertrauen wären nicht mehr bei allen Kunden gegeben, da der Preis der Premium Health Ltd. ein Qualitätsindikator ist. Eine Preissenkung oder -anpassung schadet dem Image der

Fitnessanlage. Zudem wäre durch die Preissenkung die gegebene Serviceleistung, sowie die Qualität des Trainerpersonals nicht mehr finanzierbar. Wie schon erwähnt, wird von einer Preissenkung abgeraten. Stattdessen sollte die Premium Health Ltd. ihren Fokus weiter auf die Qualität der Service- und Dienstleistung legen.

1.3 Psychologische Auswirkung des Preises / Preisdifferenzierung

Dem Unternehmen wird von einem befreundeten Unternehmensberater empfohlen, ein „Knüller-Angebot" zu erstellen, das besonders die Zielgruppe der Schüler und Senioren anspricht. Der Vorschlag des Freundes wäre zwar ein verlockendes Angebot, jedoch wäre hierbei auch wieder das Qualitätsmerkmal des Unternehmens (hohe Service- und Dienstleistung) gestört und die Kunden würden den niedrigeren Preis als Verschlechterung ansehen. Somit würde das Unternehmen beim Kunden das Gefühl der Hochwertigkeit und Exklusivität verlieren. Aus diesem Grund wird die Premium Health Ltd. dem Vorschlag des Beraters nicht folgen und die Preise für alle Kunden und potenzielle Mitglieder gleich halten. Jedoch kann das Unternehmen durch eine allgemeine Preissenkung von 60,23€ auf 59€ das Angebot auch für Schüler und Senioren attraktiver machen, da durch gebrochene Preise der Endpreis günstiger erscheint. Bei dieser Methode stuft der Kunde den Preis in den günstigeren Bereich, da er sich unter der nächsten Dezimalstufe befindet (Weis, 1999, S. 302).

Die Preisdifferenzierung nach Produktvarianten ist eine sinnvolle Entscheidung fürs Unternehmen. Die Zusammenstellung der Angebote gibt jedem Kunden die Möglichkeit, die Leistung dazuzubuchen, die für ihn interessant ist. So können Kursprogramme über einen gewissen Zeitraum genau die Zielgruppe ansprechen und von diesen Personen dazu gebucht werden, die sich angesprochen fühlen (z.B. Diät-Programme). Diese Angebote werden jedoch dann extra abgerechnet und sind nicht im monatlichen Beitrag enthalten.

1.4 Preiselastizität der Nachfrage

Preiselastizität der Nachfrage:

$$(\varepsilon) = \frac{\text{Änderung der Menge in \%}}{\text{Änderung des Preises in \%}}$$

Veränderung der Menge in %:

$$\text{Menge} = \frac{\text{Mitglieder neu} - \text{Mitglieder alt}}{\text{Mitglieder alt}} \times 100$$

$$= \frac{2000 - 2200}{2200} \times 100$$

$$= -9,09\%$$

Veränderung des Preises in %:

$$\text{Preis} = \frac{\text{Preis neu} - \text{Preis alt}}{\text{Preis alt}} \times 100$$

$$= \frac{60,99€ - 54,99€}{54,99€} \times 100$$

$$= 10,91\%$$

Preiselastizität der Nachfrage:

$$(\varepsilon) = \left| \frac{-9,09}{10,91} \right|$$

$$= |-0,83|$$

Da die Preiselastizität der Nachfrage $(\varepsilon) = |-0,83|$ beträgt, handelt es sich hierbei um eine unelastische Nachfrage, da $(\varepsilon) < |1|$. Somit wäre eine Preiserhöhung der Premium Health Ltd. sinnvoll, da eine 1-prozentige Preisänderung eine weniger als 1-przentige Mengenänderung aufweist. Die Nachfrageänderung der Premium Health Ltd. würde bei einer Preiserhöhung nur relativ gering ausfallen.

Bei einer Preiserhöhung des Monatsbeitrages um 5€ und einer Mitgliedereinbuße von 200 Kunden, erwirtschaftet die Premium Health Ltd. einen monatlichen Umsatz von 121980€, das sind 1002€ mehr als mit dem Monatsbeitrag von 54,99€.

2 Strategische Analysemethoden

2.1 Five-Forces-Modell

Das Five-Forces Modell nach Porter analysiert die fünf Wettbewerbskräfte (Mitbewerber, Kunden, Zulieferer, potenzielle Mitbewerber und Ersatzprodukte), die auf das Unternehmens „Freeletics" einwirken (Bea & Haas, 2013, S. 99).

Tab. 2: Five-Forces-Modell in Bezug auf „Freeletics"

Wettbewerbskraft	Begründung
Mitbewerber	Auf dem Markt sind viele Fitnessapps vertreten. Der Unterschied zwischen den Apps liegt meist nicht mehr am Inhalt oder an den Funktionen, sondern im Preis, der durch den immer größer werdenden Wettbewerb bestimmt ist. Runtastic, eine App, die ähnliche Leistungen anbietet, jedoch zu einem niedrigeren Preis. Was der Grund für Kundenabgängen bedeuten kann.
Kunden	Durch das Internet kann sich der Kunde sehr schnell alle Informationen rund um die Fitnessapps einholen und vergleichen. Da der Markt sich zu einem Käufermarkt entwickelt hat und somit die Qualität einer der wichtigsten Wettbewerbsfaktoren ist, ist die Wettbewerbskraft der Kunden sehr hoch (Jochem & Dietmüller, 2010). Stimmt die Qualität nicht, so kann der Kunde alternativ anhand der großen Auswahl von Ersatzprodukten schnell etwas Neues suchen.
Zulieferer	Als Zulieferer wird hier der Inhaber des App-Store genannt. Durch die Monopolstellung besitzt er auch eine gewisse Verhandlungsmacht. Wenn eine App im App-Store zur Verfügung stehen soll, fallen Kosten an. Erhöht der Inhaber des App-Stores seine Gebühren, so erhöht sich auch der Preis für die App.
Potenzielle Mitbewerber	Die Fitnessappwelt steht in einem großen Wettbewerb zueinander, was den Druck auf Freeletics erhöht. Zudem ermöglicht es jedem mit Knowhow eine App zu konstruieren und auf den Markt zu bringen. Freeletics muss seine Leistung so breit aufstellen, dass die Kundenzufriedenheit hochgehalten wird und potenzielle Mitbewerber sich einen Markteintritt überlegen.
Ersatzprodukte	Ersatzprodukte, die für Freeletics eine Bedrohung darstellen, sind z.B. Hometrainer oder Influecer, die z.B. ein Fitnessprogramm für Zuhause mit Videos und Ernährungstipps zur Verfügung stellen. Bei beiden Produkten ist ein Gang ins Fitnessstudio nicht notwendig. Es ist daher wichtig, dass Freeletics seine App dauerhaft auf dem neusten Stand hält und stetig verbessert, um so die Kundenbindung zu steigern und Ersatzprodukten entgegen zu wirken.

2.2 Durchführung einer SWOT-Analyse

Anhand der SWOT-Analyse werden die Stärken, Schwächen, Chancen und Risiken des Unternehmens „Freeletics" dargestellt.

Tab. 3: SWOT-Analyse

Stärken
- Freeletics besitzt eine sehr gute Community. Der Austausch der Mitglieder ist dadurch einfach, die gegenseitige Motivation ist gegeben, sowie interne Wettkämpfe können bestritten werden (Scherkamp, 2015). - Es wird kein Fitnessstudio benötigt und die Übungen können zuhause oder draußen durchgeführt werden, somit kann der Sport problemlos in den Alltag integriert werden (Heinzerling, 2014). - Die Jahresmitgliedschaft des Freeletics-Coach beträgt aktuell 79,99€ und ist somit um einiges günstiger als die Mitgliedschaft in einem Fitnessstudio (Freeletics, 2020a).
Schwächen
- Die Trainingsplanung individuell auf Personen mit Einschränkungen oder Schmerzen anzupassen ist nicht möglich. Somit kann es bei dieser Personengruppe zu Problemen kommen (Heinzerling, 2014). - Die persönliche Betreuung fehlt. Die App hat keine Kontrolle über die Ausführungen der Übungen, welche bei Einsteigern sehr wichtig wäre (Heinzerling, 2014). - Die Kunden benötigen zur Ausübung ein internetfähiges Handy, Tablet oder einen Computer (Freeletics, 2020a).
Chancen
- 2024 soll das Umsatzwachstum jährlich um 2,4% steigen, was ein Marktvolumen von 506 Mio.€ entspricht. Somit hat auch Freeletics die Möglichkeit die Mitgliederzahl, sowie den Umsatz zu steigern (Statista, 2020c). - Die Nutzung der Fitnessapps liegt bei 22% (Brandt, 2016). Hier ist Potential drin, dies zu steigern und Freeletics den Leuten, die keine Fitnessapp nutzen, ihre App nahezubringen. - Da die Nutzung von Freeletics nur über ein internetfähiges Endgerät funktioniert, ist die steigende Nutzerzahl der Smartphonenutzer eine Möglichkeit hier anzugreifen. Bereits 2017 stieg die Nutzerzahl auf 54 Mio. in Deutschland, das entspricht 78% (Ametsreiter, 2017).

Risiken
- Viele Fitnessstudios entwickeln ihre eigene App um ihren Kunden auch ein „Hometraining" anbieten zu können. - Durch die ansteigenden Hackerangriffe im Internet, können Daten der App-Nutzer an Dritte gelangen (Kroker, 2017). Somit wäre das Image von Freeletics geschädigt. - Die Freeletics-App sollte ständig auf dem neusten Stand sein, da das Konsumverhalten der Kunden immer nach Trends strebt und sonst das Risiko besteht, dass die Kunden die App nicht mehr interessant finden und abspringen.

2.3 Erstellung einer SWOT-Matrix

Die SWOT-Matrix stellt dar, ob das Unternehmen durch Schwächen bestimmte Chancen nicht nutzt, oder ob Risiken eine Bedrohung darstellen. Außerdem zeigt sie, wie Stärken genutzt werden können, um Chancen zu verwirklichen, ebenso Risiken nicht zu einer Bedrohung werden zu lassen (Meffert, Burmann & Kirchgeorg, 2012, S. 240). Die nachfolgende Tabelle zeigt die SWOT-Matrix für das Unternehmen „Freeletics".

Tab. 4: SWOT-Matrix

SWOT-Matrix		Externe Analyse	
		Chancen (Opportunities)	Risiken (Threats)
Interne Analyse	Stärken (Strengths)	SO-Strategien: -Community vergrößern und eine große Auswahl an Wettkämpfen anbieten, dass neue Kunden gewonnen werden. -Das Alltagstaugliche der App interessanter machen, da so auf die Nutzung eines Fitnessstudios verzichtet werden kann.	ST-Strategien: -Die Community so verbreiten, dass bei den Mitgliedern eine Art „Familie" entsteht und dadurch vermeiden, dass Mitglieder in Fitnessstudios wechseln. -Neue Trends durch die Alltagstauglichkeit der App entwickeln und ausbauen, z.B. den Mitgliedern auch ein Training am Arbeitsplatz ermöglichen.
	Schwächen (Weaknesses)	WO-Strategien: -Durch Fragebögen zum allgemeinen Gesundheitszustand des Kunden, können individuelle Trainingspläne erstellt werden und so auch persönlich auf die Kunden eingegangen werden. -Freeletics kann die Möglichkeit, dass die Smartphonenutzerzahl steigt, nutzen, um gewisse Programme in der App zu downloaden um auch offline z.B. im Park durzuführen.	WT-Strategien: -Den Trends folgen und immer mehr Funktionen in der App bereitstellen. -Kooperationen mit Fitnessstudios eingehen, um den Kunden der App die Möglichkeit einer Kontrolle während der Übung zu bieten.

2.4 BCG-Portfolio und Produktlebenszyklus

Anhand des relativen Marktanteils, sowie des relativen Marktwachstums lassen sich die Fitnessapps im BCG-Portfolio bei den „Question Marks" einordnen. Die Statistik von Statista (2020a) zeigt, dass die Kategorie „Gesundheit & Fitness" mit 3,33% Marktanteil im App-Store der Grund dafür ist. Das Marktwachstum der Fitnessapps ist aktuell mittelmäßig, hat jedoch wieder Potenzial am Marktwachstum teilzuhaben (Statista, 2020b).

Der Produktlebenszyklus von Freeletics zeigt, dass das Unternehmen bereits die Entwicklungs-, sowie die Einführungsphase durchlebt hat und sich aktuell in der Wachstumsphase befindet. Die Userzahl stieg von 2018-2019 von 34 Mio. auf 40 Mio., was ein Merkmal dieser Phase ist (Weis, 2012, S. 277–278). Desweiteren entwickelt Freeletics seine schon angebotenen Leistungen immer weiter. Im Dezember 2019 wurden die ersten Trainings Journeys mit Profisportlern veröffentlicht und im Januar 2020 wird ein Audi-Coaching namens Freeletics Mindset eingeführt (Freeletics, 2020b).

Der Unterschied zum idealtypischen Lebenszyklus liegt in der Entwicklungsphase. Es wurden keine hohen Summen an Geld in der Forschung und Entwicklung benötigt. Desweiteren findet der Amortisierungsprozess kaum statt, was an den geringen Entwicklungskosten im Vergleich zu herkömmlichen Produkten liegt. Somit wird der Break-Even-Point schnell erreicht.

2.5 Fazit

Als Fitnessstudio steht man immer im Wettbewerb mit anderen Studios, sowie Ersatzprodukten wie z.B. Hometrainern oder Fitness-Apps. Die hohe Service- und Dienstleistungsorientierung der Premium Health Ltd. steht an oberster Stelle. Als Schwachstelle von Freeletics wurde keine individuelle Trainingsplanerstellung, sowie keine Kontrolle der Übungsausführung genannt. Im Unternehmen können solche Kontrollen durch Trainer garantiert werden, ebenfalls werden durch die Trainer die Trainingspläne individuell auf die Kunden angepasst. Der persönliche Kontakt fördert die Kundenbindung, welcher in Online-Programmen oder Apps nicht gegeben ist. Das digitale Zeitalter darf jedoch nicht vergessen werden, so wäre eine eigene Fitness-App der Premium Health Ltd. eine logische Schlussfolgerung, um den Mitgliedern immer wieder neue Möglichkeiten zu bieten und sie auf dem neusten Stand zu halten.

3 Corporate Identity, Digitalisierung und integrierte Kommunikation

3.1 Analyse eines Best-Practice-Beispiels

3.1.1 Corperate Identity

Die Corperate Identity ist die neue Ausrichtung eines Unternehmens, um das Image geeignet der Gesellschaft zu präsentieren (Weis, 2012, S. 579). Desweiteren ist die Corperate Identity an das Unternehmensleitbild angeknüpft. Die Ziele des Unternehmens, sowie das Wertesystem und die Maßstäbe werden durch das Unternehmensleitbild explizit an die Unternehmenserscheinung angepasst (Camphausen, 2013, S. 18).

Gründe für eine neue Ausrichtung der Corperate Identity:

- Inhaberwechsel
- Änderung der Zielgruppe
- Zeitgeist (mit der Zeit gehen, nicht altmodisch wirken)
- Wiedererkennungswert

Anhand der „FRoSTA"-Geschichte lässt sich deutlich erkennen, dass FRoSTA ihr Corperate Design, also das Erscheinungsbild, öfters geändert hat. Erkennbar am FRoSTA-Logo, das seit 1962 genau sechsmal erneuert wurde. Zudem ist die Schriftart des „FRoSTA"-Logos schon von Beginn an die gleiche, womit man das Unternehmen deutlich identifizieren kann.

Auch die Corporate Communication wird durch TV-Spots seit 1993 und dem seither immer wiederkehrende Jingle „FRoSTA ist für alle da!" angewendet (Matthias, 2020).

3.1.2 Digitalisierung und integrierte Kommunikation

Durch die integrierte Kommunikation entstehen beim Kunden Eindrücke über die Marke oder das Unternehmen, die im Gedächtnis bleiben sollen. Das Erscheinungsbild der Marke oder des Unternehmens soll in den Köpfen der Interessenten eingeprägt sein. Somit sollte, durch die integrierte Kommunikation, die ganzheitliche Abstimmung aller Maßnahmen die Eindrücke der Kunden verfestigen (Esch, 2018).

Der Jingle des Unternehmens „FRoSTA ist für alle da!" bringt eine gewissen Kontinuität in die Unternehmensgeschichte. Desweiteren ist die Welle im Logo seit 1985 eingeprägt. Das Grün oben steht für die Landwirtschaft und unten das Blau für Wasser. Dies verbindet alle Produkte der Firma.

Die Digitalisierung bringt positive Effekte, jedoch auch Herausforderungen für ein Unternehmen mit sich. Trotz der vielen Online-Kommunikation sollten die Offline-Kanäle nicht in Vergessenheit geraten. Findet kein sorgfältiger Ausgleich zwischen Online- und Offline-Kommunikation statt, so kann keine integrierte Kommunikation zwischen dem Unternehmen und dem Kunden stattfinden. Der Austausch von Online- zur Offline-Kommunikation, sowie umgekehrt, ist für das Unternehmen und somit für die integrierte Kommunikation und Kundenzufriedenheit immens wichtig.

Vorausgesetzt „FRoSTA" würde die Website an die älteren Bestandskunden ausrichten und über Social Media die jüngere Zielgruppe als Lifestyle-Marke ansprechen, so ergeben sich für das Unternehmen einige Chancen und Risiken, die in der nachfolgenden Tabelle aufgelistet sind.

Tab. 5: Chancen und Risiken der nicht einheitlichen Corperate Identity von „FRoSTA"

Chancen:	-Zielgruppe kann individuell angesprochen werden (inhaltlich und optisch) -Größere Reichweite durch Social Media
Risiken:	-Corperate Identity ist nicht mehr einheitlich -Wiedererkennungswert durch unterschiedliche Zielgruppen ist nicht gegeben
Ziel:	einen einheitlichen Frimenauftritt durch alle Kanäle (Website, Internet) muss gegeben sein (Esch, 2019, 924 f.)

3.2 Kommunikationsstrategie

Durch die rein faktische Darstellung der Information gelingt es dem Unternehmen meist nicht die Zielgruppe zu erreichen. Anhand des „Storytellings" können die Informationen eines Produkts in Geschichten, insbesondere emotionale Geschichten, verpackt werden und so einfacher vom Kunden gespeichert werden. Bilder, Grafiken und Videos unterstützen es zusätzlich, die Fakten im Gedächtnis zu behalten (Lammenett, 2017, S. 332). Anhand der „FRoSTA"-Geschichte lässt sich auch hier erkennen, dass das Unternehmen „Storytelling" betreibt. Der erste TV-Spot wurde 1993 mit dem „Peter von FRoSTA" ausgestrahlt, im Jahr 2000 stellt wieder der „Peter von FRoSTA" ein Produkt des Unternehmens vor. Nachdem „Peter" vorübergehend 2003 in Rente geschickt wurde, erscheint er 2004 wieder in den Werbespots von FRoSTA und ist bis heute zu sehen. So bleibt den Kunden seit 1993 der „Peter von FRoSTA" immer im Gedächtnis, und sie wissen gleich um welches Unternehmen es sich handelt, wenn der „Peter" im Fernseher zu sehen ist (Matthias, 2020).

4 Marktfeldstrategien

Die Produkt-Markt-Matrix nach Ansoff bietet Unterstützung bei der Entscheidung möglicher Strategien, die dazu führen sollen, dass die Geschäftstätigkeit erweitert wird. Durch die Matrix können mögliche Wachstumsstrategien ausgewählt werden (Heinze, 1997, S. 82).

Marktdurchdringung:

Eine Zunahme des Marktanteils und ein Zuwachs des Marktvolumens auf bestehenden Märkten mit bestehenden Produkten, will das Unternehmen bei der Marktdurchdringung erreichen (Nieschlag, Dichtl & Hörschgen, 2002, S. 900). Hierfür ist die bessere Positionierung der bestehenden Produkte auf dem Markt ausschlaggebend. Eine Erhöhung des Werbeaufwand oder Minderung der Preise führt zur Zielerreichung. Eine Steigerung der Onlinewerbung z.b. auf Social-Media-Kanälen und die Anpassung des Onlineshops, könnten beim Unternehmen „SUPPmart" zu mehr verkauften Supplements führen.

Marktentwicklung:

Bei der Marktentwicklung versucht das Unternehmen neue Märkte mit bestehenden Produkten zu erreichen. Hierzu zählen z.B. neue geografische Märkte und die Nutzung neuer Distributionskanäle (Kotler & Bliemel, 2006, 146 f.; Weis, 2012, S. 160). Das Unternehmen „SUPPmart" kann durch neue Distributionskanäle die Kunden selbst mit Supplements beliefern.

Produktentwicklung:

Die Produktentwicklung zielt darauf ab, neue Produkte für einen bestehenden Markt zu entwickeln. Es ist jedoch zu beachten, dass die neuen Produkte einzigartig, variiert, anders und käuferspezifisch auf dem Markt auftreten (Meffert, Burmann & Kirchgeorg, 2015, S. 255; Nieschlag, Dichtl & Hörschgen, 2002, S. 901; Weis, 2012, S. 161). „SUPPmart" könnte ihre eigenen Fitnessklamotten (Sport-BH, Tights, Tanktops, T-Shirts) produzieren und vermarkten.

Diversifikation:

Die Diversifikation bringt neue Produkte in, für das Unternehmen, noch unbekannte Märkte. Unterschieden wird in die folgenden drei Diversifikationen:

- horizontal: Das neue Produkt steht noch in einem sachlichen Zusammenhang mit dem schon bestehenden Sortiment (Weis, 2012, S. 255).

- vertikal: Die Sortimentstiefe wird erweitert in Richtung Herkunft der Rohstoffe oder Absatz der bisherigen Leistung (Weis, 2012, S. 256).

- lateral: Das neue Produkt steht in keinem Zusammenhang mit dem bestehenden Sortiment des Unternehmens. Somit ist die Risikosteuerung ein großer Vorteil der lateralen Diversifikation und dadurch besteht nur eine minimale Abhängig von Marktschwankungen (Weis, 1999, S. 206). „SUPPmart" könnte neben den Supplements noch Kosmetikartikel auf dem Markt anbieten.

5 Literaturverzeichnis

Ametsreiter, H. (2017): Smartphone-Markt: Konjunktur und Trends. Hg. v. Bitkom. Berlin.

Bea, F. & Haas, J. (2013): Strategisches Management. 6., vollständig überarb. Aufl. Konstanz: UVK (UTB, 8498).

Brandt, M. (2016): Fitness-Tracking. Smarte Fitness. Hg. v. Statista. Online verfügbar unter https://de.statista.com/infografik/6222/smarte-fitness-tracker-und-apps/.

Camphausen, B. (2013): Strategisches Management. Planung, Entscheidung, Controlling. 3., überarb. und erw. Aufl. München: Oldenbourg (Managementwissen für Studium und Praxis).

Esch, F.-R. (2018): Integrierte Kommunikation. Hg. v. Gabler Wirtschaftslexikon. Online verfügbar unter https://wirtschaftslexikon.gabler.de/definition/integrierte-kommunikation-40172/version-263564.

Esch, F.-R. (2019): Handbuch Markenführung. Wiesbaden: Springer Fachmedien Wiesbaden.

Freeletics (2020a). Online verfügbar unter https://www.freeletics.com/de/training/coach/get/.

Freeletics (2020b): Freeletics Presskit 2020. München. Online verfügbar unter https://www.freeletics.com/en/press/wp-content/uploads/sites/24/2020/01/Freeletics_Presskit_0120_DE.pdf.

Heinze, T. (1997): Kulturmanagement II. Wiesbaden: VS Verlag für Sozialwissenschaften.

Heinzerling, M. (2014): Freeletics - Vorteile und Kritik. Online verfügbar unter https://mheinzerling.de/blog/freeletics-vorteile-und-kritik/.

Jochem, R. & Dietmüller, T. (2010): Was kostet Qualität? Wirtschaftlichkeit von Qualität ermitteln. München: Hanser. Online verfügbar unter http://www.hanser-elibrary.com/action/showBook?doi=10.3139/9783446424401.

Kotler, P. & Bliemel, F. (2006): Marketing-Management. Analyse, Planung und Verwirklichung. 10., überarb. und aktual. Aufl. München: Pearson Studium (Wirtschaft: Marketing).

Kroker, M. (2017): Gesamtzahl der Hacker-Angriffe im Internet steigt im Jahresvergleich um zwei Drittel. Online verfügbar unter https://blog.wiwo.de/look-at-it/2017/12/04/gesamtzahl-der-hacker-angriffe-im-internet-steigt-im-jahresvergleich-um-zwei-drittel/.

Lammenett, E. (2017): Praxiswissen Online-Marketing. 6., Aufl. Wiesbaden: Springer Fachmedien Wiesbaden.

Matthias, T. (2020): Unsere Geschichte. Hier erfährst Du alles über die Geschichte der Marke FRoSTA. Hg. v. Frosta Tiefkühlkost GmbH. Hamburg. Online verfügbar unter https://www.frosta.de/ueber-uns/unsere-geschichte.

Meffert, H., Burmann, C. & Kirchgeorg, M. (2012): Marketing. Grundlagen marktorientierter Unternehmensführung. Konzepte - Instrumente - Praxisbeispiele. 11., überarb. und erw. Aufl. Wiesbaden: Gabler Verlag.

Meffert, H., Burmann, C. & Kirchgeorg, M. (2015): Marketing. Grundlagen marktorientierter Unternehmensführung. Konzepte - Instrumente - Praxisbeispiele. 12., überarb. und aktual. Aufl. 2014. Wiesbaden: Springer Fachmedien.

Nieschlag, R., Dichtl, E. & Hörschgen, H. (2002): Marketing. 19., überarb. und erg. Aufl. Berlin: Duncker & Humblot.

Scherkamp, H. (2015): Was ist dran, am Hype um das Münchner Stratup Freeletics? Online verfügbar unter https://www.gruenderszene.de/allgemein/freeletics-interview.

Statista (2020a): Anteil der Apps im App Store nach den Top-20-Kategorien im Januar 2020. Online verfügbar unter https://de.statista.com/statistik/daten/studie/166976/umfrage/beliebteste-kategorien-im-app-store/.

Statista (2020b): Anzahl der verfügbaren Apps im Google Play Store bis Januar 2020. Online verfügbar unter https://de.statista.com/statistik/daten/studie/74368/umfrage/anzahl-der-verfuegbaren-apps-im-google-play-store/.

Statista (2020c): Fitness. Online verfügbar unter https://de.statista.com/outlook/313/137/fitness/deutschland.

Weis, H. C. (1999): Marketing. 11., überarb. und aktual. Auflage. Ludwigshafen (Rhein): Kiehl.

Weis, H. C. (2012): Marketing. 16., verb. und aktual. Auflage. Herne: Kiehl (Kompendium der praktischen Betriebswirtschaft).

6 Tabellenverzeichnis

BEI GRIN MACHT SICH IHR
WISSEN BEZAHLT

- Wir veröffentlichen Ihre Hausarbeit,
  Bachelor- und Masterarbeit

- Ihr eigenes eBook und Buch -
  weltweit in allen wichtigen Shops

- Verdienen Sie an jedem Verkauf

Jetzt bei www.GRIN.com hochladen
und kostenlos publizieren